ÉTUDES

SUR

L'HISTOIRE DES ARTS A ROME

PENDANT LE MOYEN-AGE

BONIFACE VIII ET GIOTTO

PAR

M. EUGÈNE MÜNTZ

Extrait des MÉLANGES D'ARCHÉOLOGIE ET D'HISTOIRE
publiés par l'Ecole Française de Rome.

ROME
IMPRIMERIE DE LA PAIX
1881

A Monsieur Ernest Renan —
Hommage respectueux
de l'auteur

ÉTUDES

SUR

L'HISTOIRE DES ARTS A ROME

PENDANT LE MOYEN-AGE

BONIFACE VIII ET GIOTTO

PAR

M. Eugène MÜNTZ

Extrait des Mélanges d'archéologie et d'histoire
publiés par l'École Française de Rome.

ROME
IMPRIMERIE DE LA PAIX
1881

ÉTUDES SUR L'HISTOIRE DES ARTS A ROME PENDANT LE MOYEN-ÂGE

BONIFACE VIII ET GIOTTO.

Boniface VIII clôt brillamment la série des grands papes du moyen-âge, en même temps que, par de certains côtés, il annonce une ère nouvelle. Les pompes de son exaltation, l'importance des principes politiques dont il s'est fait le champion, les fêtes du jubilé de 1300, ses luttes épiques, qui se terminèrent par la tragédie d'Anagni, et, dans un autre ordre d'idées, la composition de la *Divine Comédie*, ce sont là des événements qui jettent un lustre incomparable sur ce pontificat relativement si court. Mai les noms de Philippe le Bel et de Dante ne sont pas les seuls que l'on évoque au souvenir du fougueux vieillard. Pour l'histoire des arts aussi, le règne de Boniface VIII marque une date qu'il n'est point permis d'oublier. On apprécierait imparfaitement l'activité fébrile qui, dans l'espace de peu d'années, a fait surgir tant de splendides monuments, le dôme d'Orvieto (1290), San Petronio de Bologne (1292), Sta Croce de Florence (1295), le dôme et le Palais vieux de la même ville (1298 et 1299), l'église Saint Dominique de Pérouse (1304), etc., si l'on n'y voyait que l'expression des sentiments de piété ou de patriotisme de l'Italie du XIIIe siècle. Ce prodigieux essor a été favorisé, peut-être même déterminé par la révolution qui s'était produite dans les idées et dans le style. Nous voyons triompher d'une part l'architecture gothique, de l'autre les principes de l'École florentine de peinture;

Giotto paraît, et le besoin de créations nouvelles éclate partout: la vie, le mouvement, la passion se substituent aux formules surannées du byzantinisme: un souffle de jeunesse et de poésie transporte l'Europe entière.

La part que Boniface VIII a eue à cette révolution est fort considérable; c'est lui qui s'en est fait le promoteur à Rome; c'est sous ses auspices que les principes nouveaux ont triomphé dans la capitale du monde chrétien. Giotto n'est pas le seul maître qu'il ait appelé auprès de lui. Nous le voyons s'assurer en même temps le concours d'architectes et de sculpteurs allemands, les uns représentants du style gothique, les autres champions du naturalisme introduit dans la statuaire par l'École de Pise. La Navicella, les fresques de la loge de la bénédiction au Latran, la décoration de la cathédrale et du palais d'Anagni, tels sont les principaux monuments destinés à perpétuer le souvenir de ces grandes conquêtes de l'art.

C'est un moment solennel dans l'histoire de l'art romain. Désormais c'en est fait de cette école indigène qui, sans atteindre aux plus hautes régions, nous a laissé tant d'œuvres élégantes. Pendant près de deux siècles, on avait vu une vaillante phalange de maîtres tour à tour architectes, statuaires et mosaïstes, affirmer l'indépendance artistique de leur ville natale. On sait aujourd'hui combien leur influence a été considérable; elle s'est étendue à tout l'État pontifical. Tivoli, Fundi, Farfa, Corneto, Ferentino, Santa Maria in Castello, Alba Fucente, Teramo, Segni, Falleri, Subiaco, Alatri, Anagni, Civita-Castellana, Foligno, Orvieto, etc. se sont peuplés grâce à eux de ces élégants ambons, sièges épiscopaux, tabernacles, véritables chefs-d'œuvre décoratifs où la sculpture et l'incrustation se complétaient si heureusement. Giotto même rendit hommage aux habiles « marmorari » romains; ses fresques sont pleines de colonnes torses, de frises, de frontons, d'ornements couverts de ces mosaïques stelliformes dont Rome put à juste titre revendiquer la paternité (1). Par une fatalité singulière, les derniers représentants de cette école qu'avaient illustrée les Ranuccio, Paolo et sa famille, Cosmas et les siens (les Cosmati), enfin Vassaletus, s'éteignirent précisément pendant le règne de Boniface VIII. Nous voulons parler de Jean, fils de Cosmas, l'auteur du tombeau de Guillaume Durand († 1296), à la Minerve, et de celui de l'évêque Gonsalve d'Albano († 1299) à Sainte Marie Majeure, ainsi que de son frère Deodato. Ces maîtres disparaissent dans les premières années du XIVe siècle, et ne sont point remplacés dans leur ville natale. Au dehors, un de leurs frères, Jacques, semble avoir travaillé quelque temps encore à la cathédrale d'Orvieto (2), tandis qu'un autre, Deodato, exé-

(1) Une précieuse inscription, dont M. de Rossi a mis en lumière la signification véritable (*Bullettino di Archeologia cristiana*, 1880, p. 60) nous montre que l'on se rendait bien compte au moyen-âge de l'origine de ce style, et qu'on l'appelait dès lors " opus romanum, " terme qui doit être substitué à celui de " opus cosmatescum, " par lequel on avait pris l'habitude de le désigner dans les derniers temps. Cette inscription, qui orne le cloître de l'abbaye de Sassovivo, près de Foligno, nous apprend qu'en 1229 :

Hoc claustri opus egregium
Quod decorat monasterium
Donnus abbas angelus precepit
Multo sumptu fieri et fecit
A magistro Petro de Maria
Romano opere et mastria.

(2) Della Valle, *Storia del Duomo di Orvieto*; Rome 1791, p. 261, 380, 382. — Luzi, *Il Duomo di Orvieto*; Florence 1866, p. 326. — C. Promis, *Notizie epigrafiche degli artefici marmorarii romani dal X al XV secolo*, Turin 1836, p. 24, affirme, mais sans preuves, que cet artiste n'appartenait pas à la famille des Cosmates. — Le P. della Valle mentionne en 1293 un Giacomo di Cosmate Romano, et en 1325 un Giacomo Romano sculpteur.

cutait les élégantes mosaïques ornementales de la cathédrale de Teramo (1).

Sans doute, avant Boniface VIII, plus d'un pape avait eu recours à des artistes du dehors. Sous Célestin III (1191-1198), Hubert et Pierre de Plaisance avaient exécuté les portes de bronze que l'on remarque aujourd'hui encore au baptistère du Latran (2). Innocent III (1198-1216) avait appelé auprès de lui le sculpteur et architecte Marchionne d'Arezzo (3), Urbain IV (1261-1264) le peintre Margaritone (4). A une époque plus rapprochée de Boniface VIII, le sculpteur toscan Arnolfo (5) et ses compatriotes les architectes dominicains Fra Ristoro et Fra Sisto (6) avaient travaillé sur les bords du Tibre. Mais que pouvaient quelques maîtres isolés vis-à-vis de l'Ecole romaine, si forte, si homogène! Leur présence était pour celle-ci une cause d'émulation, non un symptôme d'infériorité.

A la fin du XIIIe et au commencement du XIVe siècle, tout change. L'Ecole florentine s'assure une suprématie tellement écrasante que toute velléité de résistance doit disparaître. Vers la même époque, par une sorte de fatalité, les familles d'artistes romains qui avaient fait la gloire du XIIe et du XIIIe siècle, et dont les représentants auraient pu devenir les champions des idées nouvelles, s'éteignent. La translation du Saint Siège à Avignon porte à l'Ecole indigène le coup de grâce. A partir du

(1) " Anno domini 1332 hoc opus factum fuit † Magister Deodato de Urbe fecit hoc opus (Schultz, *Denkmäler der Kunst des Mittelalters in Unter-Italien*, t. II, p. 11).

(2) Rumohr, *Italienische Forschungen*, t. I, p. 267.

(3) Vasari, t. I, p. 276.

(4) Id., éd. Milanesi, t. I, p. 362, 365.

(5) Id., t. I, p. 278. V. *contra* Crowe et Cavalcaselle, *Histoire de la Peinture italienne*, éd. all., t. I, p. 157.

(6) Marchese, *Memorie dei più insigni pittori, scultori e architetti*, 4e édit. 1878-79, t. I, p. 75, 76, 79. Fra Sisto mourut à Rome au mois de mars 1289.

règne de Boniface VIII, il devient difficile de citer le nom d'un maître né dans la Ville Eternelle, à l'exception toutefois du peintre-mosaïste Pierre Cavallini, dont la personnalité est d'ailleurs peu tranchée. Par une singulière coïncidence, l'année même où Cavallini travaillait à Naples (1308), on faisait appel au Florentin Gaddo Gaddi pour terminer les mosaïques de Sainte Marie Majeure, commencées par Philippe Russuti (1). On ignore la patrie de ce dernier ; mais, si l'on en juge par son style, il fut, comme Gaddi, un des adeptes de l'école qui a son point de départ dans les fresques exécutées par Giotto à Assise. En 1341, lorsque le pape Benoît XII voulut faire restaurer la toiture de la basilique de Saint Pierre, il dut également recourir à un étranger, maître Paul de Sienne (2). En 1347, Cola di Rienzo se voit forcé de recourir aux Florentins pour leur demander de lui envoyer un habile monnayeur. Un peu plus tard, Urbain V adresse une requête analogue aux Siennois, qui autorisent un de leurs compatriotes, l'architecte Giovanni di Stefano, à restaurer pour le compte de ce pape la basilique du Latran (3). Ce sont aussi des étrangers, des élèves de Giotto, le Giottino, Taddeo et Angelo Gaddi, Jean de Milan, etc. qu'Urbain V charge de décorer le Vatican (4). Au XVe siècle, Florence prend une seconde fois possession de la Ville Eternelle au nom de la Renaissance. Il y avait longtemps, à ce moment, que Rome s'était résignée à ne plus être que la spectatrice désintéressée des luttes mémorables que se livraient sur son sol hospitalier des champions accourus de toutes les parties de l'univers.

(1) Vasari, éd. Milanesi, t. I, p. 347.

(2) Benedictus . PP . XII | Tholosanus . fecit | Fieri . de . novo tecta | Hujus . basilice . sub . anno | Dni . M . CCC . XLI . | Magister | Paulus . De . S | enis . me . feci . t . -- Barbier de Montault, *Les souterrains et le trésor de St Pierre à Rome*. Rome, 1866, p. 19.

(3) Gaye, *Carteggio*, t. I, p. 56 et 74.

(4) Voy. à ce sujet les documents que nous avons publiés dans la *Chronique des Arts* du 22 mai 1880.

Mais revenons au moyen-âge et à Boniface VIII. La colonie artistique groupée autour de lui comprenait les éléments les plus hétérogènes. On y remarquait tout d'abord un miniaturiste immortalisé dans la suite par Dante: Oderisio da Gubbio (1). Ce maître mourut dans la Ville Éternelle vers 1299. MM. Crowe et Cavalcaselle lui attribuent deux manuscrits qui sont conservés dans la bibliothèque du chapitre de saint Pierre, et qui nous montrent, entre autres, l'un le pape Célestin présentant l'évangile à son successeur Boniface VIII, l'autre le cardinal Stefaneschi, neveu de Boniface VIII, agenouillé devant Saint Georges (2).

Baldinucci est disposé à croire que le miniaturiste Franco de Bologne a également travaillé à Rome sous Boniface VIII (3).

Les Marches étaient représentées par un artiste qui, après avoir travaillé sous Nicolas IV aux mosaïques du Latran, se trouvait probablement encore à Rome au début du règne de Boniface VIII, le frère Jacques de Camerino. On sait que ce maître a marqué lui-même par une inscription la part qu'il a eue à l'exé-

(1) Vu la rareté des renseignements que l'on possède sur ce maître, nos lecteurs nous sauront gré de placer sous leurs yeux un document authentique qui se rapporte à lui, et qui a paru dans un recueil peu répandu, le *Giornale di Erudizione artistica* (t. II, 1873, p. 4): " An. 1271 die Mercurij XI intrante Martio. Magister Odericus q. Guidonis de Gubbio [et] Paulus filius Jacopini Advocati promiserunt d. Azoni de Lambertatiis miniare de pennello de bono azurro octuaginta duo folia de Antifonario, termino hinc medium mensem julii proximi, pro pretio triginta soll. bon.; que folia fuerunt in solidum confessi penes se habere et restituere promiserunt. Et insuper d. Petrus q. d. Teuzi promisit se facturus (*sic*) et curaturus quod predicti Odericus et Paulus attendent et observabunt dicta. — Ex instrumento Angeli Venture hodie facto in domo d. Feliciane, presentibus d. Paulo q. Pauli de Castro Casie Jacobo filio d. Jacobi et Cecogna miniatore testibus, etc. "

(2) *Histoire de la Peinture italienne*, éd. all., t. II, p. 351.

(3) *Opere*, éd. de Milan, t. IV, p. 195. V. aussi Vasari, éd. Milanesi, t. I, page 385.

cution de ce grand ouvrage (FR. JACOB. DE CAMERINO SOCIVS MAGISTRI OPERIS RECOMMANDAT SE MERITIS BEATI JOHANNIS) (1).

Le compagnon de Jacques de Camerino, Jacques de Torrita, était selon toute vraisemblance un Toscan (Torrita est une commune du district de Montepulciano). C'est à la Toscane aussi qu'appartenaient, outre Giotto, sur lequel nous reviendrons tout à l'heure, deux des fondeurs de cloches employés par Boniface VIII: ANDREOCTVS ET JOHANNES CONDAM GVIDOCTI PISANI, dont le nom, accompagné de la date 1295, se lit sur une des cloches d'Anagni (2).

D'après Vasari, le célèbre architecte et sculpteur toscan Arnolfo di Lapo († 1310) aurait aussi travaillé vers la fin de sa vie à Rome: " Cominciò il detto Arnolfo in Santa Maria Maggiore di Roma la sepoltura di papa Onorio III di casa Savella, la quale lasciò imperfetta, con il ritratto di detto papa, il quale con il suo disegno fu posto poi nella cappella maggiore di musaico in san Paolo di Roma, con il ritratto di Giovanni Gaetano, abate di quel monasterio. E la cappella di marmo, dove è il presepio di Gesù Cristo, fu dell' ultime sculture di marmo che facesse mai Arnolfo, che la fece ad istanza di Pandolfo Ipotecorvo l'anno dodici, come ne fa fede un epitaffio che è nella facciata al lato della cappella; e parimente la cappella e sepolcro di papa Bonifazio VIII in San Pietro di Roma, dove è scolpito il medesimo nome d'Arnolfo che la lavorò (3). "

Mais les contradictions du biographe, qui, dans un autre passage (4), attribue le tombeau d'Honorius III à Marchionne, ont

(1) D'après le P. della Valle (*Storia del Duomo di Orvieto*, p. 383) Giacomo da Camerino aurait figuré entre 1321 et 1340 parmi les peintres attachés au dôme d'Orvieto.

(2) Ce renseignement, peu connu, nous a été fourni par l'intéressant travail de Mgr Barbier de Montault: *Les cloches de Rome et d'Anagni*, p. 15.

(3) Ed. Milanesi, t. I, p. 278

(4) *Loc. cit.*

depuis longtemps éveillé les défiances de la critique. Aussi, malgré la présence sur un tabernacle de marbre, conservé dans la basilique de saint Paul hors les murs, d'une inscription portant en toutes lettres le nom d'Arnolfo (1), s'accorde-t-on aujourd'hui à repousser le témoignage de Vasari. Peut-être est-ce aller un peu vite en besogne. En effet, de ce que l'inscription lue par lui sur le tombeau de Boniface VIII n'existe plus, il ne s'ensuit nullement qu'elle n'ait jamais existé. Ciampini, dont le témoignage a quelque poids, rapporte, lui aussi, dans un passage qui semble jusqu'ici n'avoir pas été relevé, que l'auteur du tombeau fut " quidam Arnulphus, cujus nomen inibi incisum erat (2) ".

L'Allemagne avait fourni de son côté, comme nous l'avons dit, un certain nombre de sculpteurs et d'architectes, que le pape

(1) Anno . milleno . centum . bis
et . octuageno . quinto . summe . Deus . quod . hic . abbas . Bartholomeus . fecit . opus . fieri . sibi
tu . dignare . mereri.
hoc . opus cum . suo soci-
fecit . Arnolfus o . Petro

(Barbier de Montault, *Description de la Basilique de S. Paul hors-les-murs, à Rome.* Rome, 1866, p. 24. — L'auteur est disposé à identifier ce Pierre avec Pietro Cavallini). Cf. Promis, *Notizie epigrafiche degli artefici marmorarii romani dal X al XV secolo.* Turin, 1836, p. 29, et Crowe et Cavalcaselle, *Histoire de la Peinture italienne*, t. I, p. 157.

(2) " Bonifacius VIII e pariis marmoribus, columnis, operculo, musivisque figuris restituit et ornavit altare B. Bonifacii martyris, longo senio deciduum, illiusque reliquiis sacratum. Ciborium cuspidatum erat germani operis (en style gothique), sub quo sepulchrum marmoreum sibi vivens, cum suis insignibus gentilitiis, cooptavit; ita ut, dum sacerdos missae sacrificium perageret, tumulum ipsius Bonifacii conspiceret. Sacelli praefati architectus quidam fuit Arnulphus, cujus nomen inibi incisum erat: imaginem vero Deiparae Virginis, ac SS. apostolorum Petri in dextera, et Pauli in sinistra, ac etiam Bo-

employa aux travaux de Saint Pierre, à ceux de Civita-Castellana, et à ceux de la cathédrale d'Orvieto (1).

L'élément romain, on l'a vu, ne comptait plus qu'un petit nombre de représentants: Pierre Cavallini, Jean, fils de Cosmas, et ses frères. Peut-être est-il permis d'ajouter à ces noms celui du mosaïste " Carolus Comes „ (Cosmas?), qui d'après Ciampini, aurait exécuté les mosaïques du tombeau de Boniface VIII : c'est une hypothèse, qui ne doit être accueillie qu'avec la plus entière réserve.

Quels que fussent le nombre et la valeur de tous ces maitres, ils ne tardèrent pas à se voir reléguer au second plan par Giotto, qui vint s'établir à Rome dans les dernières années du XIIIe siècle. Vasari, confondant Boniface VIII avec son successeur Benoît XI (1303-1304), attribue à celui-ci l'invitation adressée à l'illustre peintre florentin. La science a fait depuis longtemps justice de cette erreur. Selon toute vraisemblance, Giotto était déjà fixé à Rome en 1298 (2); il y resta au moins jusqu'en 1300.

nifacii VIII, quem Princeps apostolorum offert B. Virgini, musivo opere expresserat Carolus Comes „ (*De sacris aedificiis a Constantino Magno constructis*, p. 65, 191). Je ne sais où Torrigio (*Sacre Grotte Vaticane*, éd. de 1639, p. 371) a pris que cette mosaïque était l'œuvre de Jacques Torriti.

(1) " Non tacerò che essendosi servito Giovanni [da Pisa], nel fare il detto altare di marmo, d'alcuni Tedeschi, che più per imparare che per guadagnare s'acconciarono con esso lui; eglino divennero tali sotto la disciplina sua, che andati dopo quell'opera a Roma servirono Bonifacio VIII in molte opere di scultura per San Pietro, ed in architettura quando faceva Civita Castellana. Furono, oltre ciò, mandati dal medesimo a Santa Maria d'Orvieto, dove per quella facciata fecero molte figure di marmo, che secondo que' tempi furono ragionevoli „ (Vasari-Milanesi, t. I, p. 312). En parcourant la liste des sculpteurs étrangers attachés au dôme d'Orvieto entre 1290 et 1300, on rencontre en effet un artiste nommé Alemano; un autre s'appelait Roland et avait pour patrie Bruges; un troisième, Pierre, était originaire d'Espagne (della Valle, *op. laud.*, p. 264, 381).

(2) Baldinucci, *Notizie de' Professori del disegno*, éd. de Milan,

La tâche assignée par Boniface VIII aux artistes groupés autour de lui était des plus brillantes. Il demanda aux uns d'embellir les palais ou les églises que lui avaient légués ses prédécesseurs, aux autres de créer des monuments qui proclameraient à jamais sa magnificence. Aucune des branches de l'art, depuis l'architecture jusqu'à l'orfèvrerie et la broderie, ne fut exceptée de ses encouragements : à toutes, le vieillard plus qu'octogénaire sut imprimer un essor nouveau. Ici d'ailleurs, comme dans les actes de son gouvernement, éclate ce besoin de domination, cet orgueil immense qui forme le fond de son caractère. Renouvelant les pratiques des empereurs romains, il se fit élever partout des statues, au Latran, au Vatican (1), à Anagni (2). Florence, qui avait intérêt à flatter le tout puissant pontife, chargea André de Pise de sculpter son effigie pour la façade du dôme (3). Bologne suivit cet exemple en 1301 (4) ; il en fut de même d'Or-

t. IV, p. 132. Cette date ne figure pas dans le *Nécrologe* du Chapitre de Saint Pierre, comme semblent le croire les éditeurs de Vasari (éd. Lemonnier, t. I, p. 322 ; éd. Milanesi, t. I, p. 386) ; j'ignore où Baldinucci l'a prise.

(1) Cette statue est probablement identique à celle qui est conservée dans les cryptes du Vatican, et qui a été gravée dans les *Sacrarum Vaticanae Basilicae cryptarum monumenta* de Dionisio.

(2) Conservée aujourd'hui à Anagni.

(3) « ... Perchè desideravano in quel tempo i Fiorentini rendersi grato ed amico papa Bonifazio VIII, che allora era sommo pontefice della Chiesa di Dio, vollono che, innanzi a ogni altra cosa, Andrea facesse di marmo e ritraesse di naturale detto pontefice. Laonde, messo mano a questa opera, non restò che ebbe finita la figura del papa, ed un San Piero ed un San Paulo che lo mettono in mezzo : le quali tre figure furono poste e sono nella facciata di Santa Maria del Fiore » (Vasari, éd. Milanesi, t. I, p. 484). Cette statue se trouve aujourd'hui dans les jardins Ruccellai de Florence, appartenant à la comtesse Orloff.

(4) « Priores Urbevetanos ab Ecclesia abdicatos, et Urbe eorum sacris interdicta ad obsequium revocavit ; binis statuis propter singu-

vieto. Le pape ne se doutait pas que sa gloriole l'exposerait un jour à l'accusation d'idolâtrie. C'est cependant ce qui arriva. Dans un des écrits composés sous l'inspiration de Philippe le Bel, on lit ce mémorable factum, qui mérite d'être placé sous les yeux de nos lecteurs :

" Notabilia quaedam et rationes juris et articuli in facto Bonifacii. — Octavus articulus est. Item ut suam damnatissimam memoriam . . . . fecit imagines suas argenteas erigi in ecclesiis, per hoc homines ad idolatrandum inducens. Hujus articuli veritas ex ipsa oculorum inspectione probabitur. Item probabitur manifeste, quod non solum in ecclesiis, sed etiam extra ecclesias, quod magis ad inducendum idolatriam eum habuisse animum suspicionem inducit, in portis civitatum et super eas, ubi antiquitus consueverunt idola esse, suas imagines marmoreas erigi fecit, sicut paret in civitate Urbevetana, et aliis locis pluribus : et ad remunerandum dictos Urbevetanos de erectione statuarum

laria sua in eos merita ab iis donatus . . . Bononienses autem statuam illi in fronte palatii civici posuerunt cum hoc lemmate :

BONIFACIO VIII PONTIFICI MAXIMO
OB EXIMIA ERGA SE MERITA
S. P. Q. BONONIENSIS
ANNO MCCCI.

Urbs vetus quoque grati in Bonifacium animi monumenta binis memoriam illius statuis aeternavit. Florentia pontificali indutum ornamento in vestibulo majoris Ecclesiae consecravit e marmore : Anagnia, et primae Orbis basilicae Lateranensis et Vaticana signis eum ob egregia illius gesta repraesentandum duxerunt omnium seculorum posteritati, ut incisis quas hic inseruimus tabulis videre est „ (Ciaccónio, *Vitae et res gestae pontificum romanorum*. Rome 1677. t. II, p. 314 ; avec une planche représentant, mais d'une manière assez arbitraire, à ce qu'il semble, les six statues élevées à Boniface VIII. — Cette planche se trouve également dans J. Rubeus, *Bonifacius VIII e familia Caietanorum, principum romanorum, pontifex*. Rome 1651, p. 89, 90).

suarum super portas, ut dictum est, dedit eisdem Urbevetanis totam terram Vallis lacus quae erat Camerae Ecclesiae, in praejudicium Ecclesiae, et cunctorum fidelium Ecclesiae de ipsis partibus scandalum et gravamen, contradicentibus omnino Syndicis communitatum et castrorum dictae terrae.

" Item probabitur, quod idem B. frequenter dixit, Papatus est unum pomum quod non cognoscit omnis, sed ego bene cognosco: quicumque est Papa, ipse est dominus omnium spiritualium et temporalium, et est dominus mundi. In veritate quicumque Papa creatur de novo, statim deberet erigi statua nomine illius quod creatus est, quam omnes magni et parvi revererentur, et cui omnes mundi Principes cum omni humilitate et reverentia inclinarent. Constat autem quod supradicti actus vitii abominabilis idolatriae suspicione notarent, et factum est damnatum Apoc. 13, Matth. 24, Marci 14, Machab. 1, c. 1, Zakariae 9, Abacuc 11 in fine, Amos 7, Osee 12 in princ., Daniel 14 et c. 3, Ezechiel 8, Baruch c. ult., Jerem. 45, Isa. 44, Paralip. 2, 34, Regum 4, c. 23. Deuter. 4. Non enim debet videri idolum in Jacob, nec simulacrum in Israël Ecclesia Dei, num. 23 " (1).

Cet esprit de magnificence devait trop profiter aux arts pour que nous songions, comme les agents de Philippe le Bel, à en faire un crime à l'orgueilleux représentant de la vieille famille des Caetani. Admirons plutôt l'ardeur avec laquelle ce vieillard s'occupa de susciter partout des monuments de sa gloire et de son faste, ou, comme le dit le chroniqueur Amalric " suam potentiam et papalem magnificentiam... dilatare (2). "

A Rome, les deux palais apostoliques, avec les basiliques attenantes, reçurent l'un après l'autre de nombreux embellisse-

(1) Dupuy, *Histoire du différend d'entre le pape Boniface VIII et Philippe le Bel, Roi de France.* Paris, 1655, in-fol. p. 331.

(2) Muratori, *R. I. S.*, t. III, 2e partie, p. 435.

ments. Boniface VIII résidait alternativement au Vatican et au Latran (1), et il serait difficile de dire laquelle des deux résidences lui était la plus chère. Au Vatican, le pape ou, ce qui revient au même, son tout puissant neveu le cardinal Jacques Caetani de Stefaneschi, fit exécuter la mosaïque de l'atrium, la célèbre Navicella, dont les restaurateurs modernes ont si singulièrement altéré le caractère (2); le cardinal fit en outre restaurer la tribune de l'église, en même temps qu'il demandait à Giotto d'exécuter un retable destiné au maître autel. C'est à saint Pierre aussi que Boniface VIII voulut être enterré: il choisit pour sa sépulture la chapelle de Boniface IV, qu'il avait fait orner de mosaïques. Rappelons enfin qu'il fit refaire les cloches du campanile de Léon IV, qui avaient été détruites en 1303 par un incendie (3).

Les premiers ouvrages de Giotto à Rome, d'après Vasari, furent cinq scènes de la vie du Christ peintes dans la tribune de saint Pierre, et le retable du maître-autel. Les scènes de la vie du Christ, probablement peintes à fresque, furent détruites lors de la reconstruction de la basilique. Quant au retable, il existe aujourd'hui encore dans la sacristie: on y remarque surtout la figure du cardinal Jacques Caetani Stefaneschi, présenté à saint Pierre par son patron saint Georges (4). Le carton de la Navicella répandit

(1) Les bulles du commencement de son pontificat (1295-1298) sont pour la majeure partie datées de Saint Pierre: plus tard (1299-1303) Boniface VIII habita plus particulièrement le Latran et Anagni. Voy. Potthast, *Regesta pontificum romanorum*, t. II, p. 1993 et sq.

(2) L'église della Concezione de' Cappuccini, située près de la place Barberini, possède une copie de la Navicella antérieure aux restaurations de Marcello Provenzale, et qui reflète plus exactement le style de l'original. Voy. Torrigio, *Le sacre grotte Vaticane*. Rome, 1639, p. 162.

(3) *Nécrologe du Chapitre de Saint Pierre*. Cf. Bonanni, *Templi Vaticani historia*, éd. de 1700, p. 149, et Cancellieri, *De secretariis Basilicae Vaticanae*, t. II, p. 1356.

(4) Voy. la description de cette peinture dans Cancellieri, *De se-*

au loin la gloire du maître florentin: l'exécution de la mosaïque n'avait pas coûté moins de 2,200 florins (1). Les fresques de la tribune et le retable furent très largement payés aussi: Giotto reçut cinq cents florins pour le premier de ces travaux, huit cents pour le second, sommes vraiment énormes si nous les comparons à celles que l'on paya dans la suite, et qui nous montrent chez les Mécènes du moyen-âge une générosité bien supérieure à celle de leurs successeurs de la Renaissance.

Le pape, ravi de ces premiers travaux, chargea Giotto de décorer la nef de Saint Pierre d'autres compositions tirées de l'ancien et du nouveau Testament (2). Vasari, auquel nous devons ce renseignement, parle surtout d'un ange de sept brasses de haut, aujourd'hui conservé dans les grottes Vaticanes (3), et

cretariis Basilicae Vaticanae, t. III. p. 1464-1467, et dans Crowe et Cavalcaselle, *Storia della Pittura in Italia dal secolo II al secolo XVI*, t. I, Florence 1875, p. 417-426.

(1) " Obiit [a. 1341] sanctae memoriae d[us] Jacobus Gayetani de Stephanescis, sancti Georgii diaconus cardinalis, concanonicus noster, qui nostrae basilicae multa bona contulit: nam tregunam (tribunam) ejus depingi fecit, in quo opere quingentos auri florenos expendit: tabulam depictam de manu Jotti super ejusdem basilicae sacrosanctum altare donavit, quae octingentis auri florenis constitit: in paradiso ejusdem basilicae de opere mosaico historiam, quando Christus beatum Petrum apostolum in fluctibus ambulantem, dextera, ne mergeretur, erexit, per manus ejusdem singularis pictoris fieri fecit, pro quo opere duo milia et ducentos florenos persolvit: et multa alia, quae enumerare esset longissimum: et ex ejusdem bonis casale, quod dicitur Olivetum, prope Baleam, et medietatem quarti casalis Piscis, ac domum Cicche in parochia Sancti Laurentii de piscibus, ac cofinos paramentorum pro tribus missis cotidie in eadem basilica in altari Sanctorum Laurentii et Georgii celebrandis „ (*Nécrologe du Chapitre de Saint Pierre*, fol. 87).

(2) Vasari n'aurait-il pas pris les fresques exécutées sous Formose, au IXe siècle, dans la nef de la basilique, pour un ouvrage de Giotto? Ces fresques représentaient précisément des scènes de l'ancien et du nouveau Testament. Voy. notre travail sur J. Grimaldi, *Bibliothèque des Ecoles françaises d'Athènes et de Rome*, t. I. p. 225.

(3) Vasari parle d'un ange peint à fresque. — Dans les grottes

d'une Madone que Niccolò Acciainoli, de Florence, fit enlever du mur, au moment de la destruction de la partie de la basilique sur laquelle elle était fixée (1). Mentionnons enfin la peinture sur toile (ou tapisserie?) attribuée à Giotto par les inventaires de la sacristie de saint Pierre (2).

Les travaux exécutés au Latran n'offrent pas moins d'intérêt. Nous assistons d'abord, en 1299, à une série de réparations, qui furent dirigées, à ce qu'il semble, par un architecte du nom de Cassetta, et dont les registres analysés par le P. Theiner nous ont conservé le détail (3). C'est à cette restauration, selon toute vraisemblance, que s'applique l'inscription suivante, en hexamètres rimés, dont la barbarie contraste si singulièrement avec les élégantes poésies latines du cardinal Jacques Stefaneschi (4):

Vaticanes on attribue au contraire à Giotto un ange en mosaïque, depuis longtemps ruiné par les restaurateurs. Voy. Dionisio, *Sacrarum Vaticanae Basilicae cryptarum monumenta*, Rome 1773, pl. XXVI, et Barbier de Montault, *Les souterrains et le trésor de Saint Pierre, à Rome*, p. 25.

(1) 1436: Pannus cum figuris Jotti inseratus (?) et rotulatus. — 1454-55: Imago manu Jotti in panno lineo posita in quodam ligno concavo (Archives du chapitre de saint Pierre).

(2) L'inscription rappelant la généreuse initiative prise par Acciaiuolo, en 1543, existe encore. Voy. Torrigio, *Le sacre grotte Vaticane*, éd. de 1639, p. 41; Dionisio, *Sacrarum Vaticanae Basilicae cryptarum monumenta*, p. 105 suiv.; Barbier de Montault, *op. laud.*, p. 32; mais la fresque a péri.

(3) " Magistro Cassette pro operibus factis in Laterano — CCCXC lib. XIV sol., et VII den. prov. (*Codex diplomaticus dominii temporalis S. Sedis*, t. I, p. 360-366, etc. Une inscription rapportée par M. Forcella, *Iscrizioni delle chiese e d'altri edificii di Roma*, t. VIII, p. 15, n° 17, mentionne la consécration faite par Boniface VIII, en 1297, de l'autel de Sainte Marie Madeleine au Latran.

(4) Voy. son poème sur le couronnement de son oncle dans Muratori, *R. I. S.*, t. I, p. 612-655.

Qui foetidam dedit esca lepram, risuque perosam,
Et maculata fides multa cum fece luctosam
Constantinus, ait? pueros pietate trucidam,
Impia lex, pietate datur mihi subdere terram :
Stant Petrus et Paulus, Silcestri suscipe normam
Et rectam fidem sanctissimo fonte renatam
Ac per transversos montes, collesque fugatam
Liberat ille coelis, tenet Urbis Papa coronam.
Inde prior generosa Mater Basilica praesens
Facta fuit stabilis, quamvis lacerata per hostes.
Tandem convaluit, rusticam relinquendo caterram :
Papa Bonifacius veniens octavus in eam,
Auxit, posuit de multis nobile germen,
Qui nova progenies ipso faciente subacti
Sic fugiant ritium, quod non scint cavere vetusti,
Hic sunt scriptarum custodes reliquiarum
Sic sunt missarum factarum a Deo rerum (1).

S'il fallait en croire quelques chroniqueurs, Boniface VIII se serait également occupé de modifier certains détails dans la mosaïque absidale du Latran, refaite ou restaurée par Nicolas IV, peu d'années auparavant. Il aurait surtout été choqué de voir les saints modernes, S. François d'Assise et S. Antoine de Padoue, associés au Christ et aux apôtres dans une composition occupant la place d'honneur de la basilique. Il donna donc l'ordre de substituer la figure de S. Grégoire à celle de S. Antoine. Mais à peine le premier coup de marteau fut-il porté que l'ouvrier et les assistants tombèrent à la renverse. Le pape, frappé de ce prodige,

(1) Panvinio, *De praecipuis urbis Romae sanctioribusque basilicis quas septem ecclesias vulgo vocant liber*. Rome, 1570, p. 113.

renonça à son dessein (1). Heureux temps que celui où une puissance mystérieuse protégeait les œuvres d'art! De nos jours on a vu les chanoines du Latran consommer la ruine de ce magnifique ensemble, sans qu'un tel acte provoquât autre chose que les protestations impuissantes de quelques archéologues.

A ces travaux succèdent la construction de la loge de la bénédiction et l'exécution des fresques destinées à rappeler le jubilé. Qu'il nous soit permis d'insister sur ce double travail, dont nous sommes en mesure d'élucider l'histoire au moyen de documents nouveaux.

Les auteurs anciens ont passé sous silence la part que Giotto a prise à l'exécution de ce cycle : mais les savants modernes sont unanimes à lui en faire honneur. Quel autre eût été plus digne que lui de célébrer l'évènement qui tient une si grande place dans l'histoire de Boniface VIII et de la chrétienté tout entière, l'ins-

(1) " La detta figura di S. Antonio era alquanto mancante nel cappuccio, per la ragione che si legge nella Cronica de' Frati minori sopraccitata (di Fra Marco da Lisboa. lib. 5, c. 21, p. 467). e negli Annali del Vadingo (t. II. p. 664, n° 13) altresì; imperciocchè, non essendo paruto bene a Bonifazio VIII che nella nostra Tribuna fossero stati dipinti S. Francesco e S. Antonio, santi moderni, in compagnia degli apostoli, ordinò che almeno fosse levata l' immagine di S. Antonio, e in suo luogo vi fosse posta quella di S. Gregorio. Salito adunque il maestro sul palco per eseguire il comando del Papa, al primo colpo che diede col ferro nel cappuccio del santo per disfarlo, sentì uscir tanta forza e virtù da quella immagine, che esso con tutti quelli che stavano sul palco, caddero violentemente in terra; di maniera che furono ben tutti creduti morti: del che data subitamente notizia al Papa, egli diede nuovo ordine che la cosa non passasse più avanti; e così restò questa immagine col segno del colpo che ricevette, in fino al tempo d'Alessandro VII, che ristorando tutta la Tribuna, anche detto segno riempì: ma pure di esso danno indizio i musaici nuovi impiegativi, che appariscono diversi da' vecchi " (Baldeschi et Crescimbeni, *Stato della SS. chiesa papale Lateranense nell'anno MDCCXXIII*. Rome, 1723, p. 149).

titution de ce jubilé, fameux entre tous, qui attira dans la Ville Éternelle des centaines de mille pèlerins, parmi lesquels Dante, et l'historien de cette fête épique, Jean Villani, tous deux compatriotes et amis de Giotto?

Le jubilé n'ayant été institué qu'en 1300 (bulle du 22 février) (1), après d'assez longues hésitations, il est probable que le pape ne fit commencer les travaux qu'une fois sa résolution bien arrêtée, c'est-à-dire dans les premiers mois de l'année en question. La loge (d'ordinaire appelée *palpitum* ou *moenianum*) subsista jusqu'à la fin du XVIe siècle; nous la voyons encore servir, en 1572, aux cérémonies du "possesso" de Grégoire XIII (2). D'après l'informe gravure publiée par Ciampini, elle était surmontée d'un dais supporté par quatre colonnes (3). Elle disparut lors de la reconstruction du palais du Latran sous Sixte V. D'après ce que nous savons de la part prise par Cassetta aux travaux exécutés au Latran en 1299, il n'y aura pas de témérité à faire honneur de la construction à ce maître.

L'intérieur de la loge était orné de fresques qu'une tradition séculaire attribue à Giotto, et dont un fragment, représentant Boniface VIII promulguant le jubilé, debout entre deux person-

(1) *Bullarum... amplissima collectio*, Rome. 1741, t. III, 2e partie, p. 946.

(2) "Quo facto, eodem ordine et pompa, ivit ad locum benedictionis eminentem, versus plateam, olim a Bonifacio VIII extructum, ut picturae antiquae indicant, ibi que deposita mitra, et sumpta thiara, quod regnum vocatur, benedictionem solemnem dedit Populo in eadem platea, et circumcirca copiose coadunato; ac demum plenariam indultiam concessit, quam duo primi cardinales diaconi assistentes, latino et vulgari sermone pronunciaverunt" (Fr. Mucanzio, maître de cérémonies, apud Cancellieri, *Storia de' solenni possessi de' sommi Pontefici*, Rome, 1802, p. 120).

(3) *De sacris aedificiis a Constantino magno constructis Synopsis historica*, éd. de 1747, pl. V, n° 3, et p. 19, n° 41. Voy. aussi Adinolfi, *Laterano e Via Maggiore*. Rome. 1857, p. 46. 47.

nages de la cour pontificale, est aujourd'hui encore conservé dans la basilique du Latran. Les savants modernes semblent tous croire que la composition originale ne comprenait que ces trois figures (1). Mais un dessin que j'ai découvert, il y a plusieurs années déjà, à Milan, dans la Bibliothèque Ambrosienne (2), et dont on trouvera ici le fac-simile (Voir notre planche III), prouve que la peinture destinée à rappeler l'institution du jubilé était en réalité beaucoup plus considérable. Ce dessin (est-il nécessaire de l'ajouter?) traduit de la manière la plus défectueuse le style de l'original : mais tout nous autorise à croire qu'au point de vue matériel du moins il est rigoureusement exact. Nous y voyons le pape, debout sous un baldaquin, qui est supporté par des colonnes de porphyre ou de serpentine : Boniface VIII, coiffé de la tiare, appuie la gauche sur un riche tapis oriental étendu à la balustrade de la loge, tandis que de la droite levée, il annonce aux fidèles, *urbi et orbi*, l'ouverture de ce jubilé de 1300, qui a joué un si grand rôle dans les annales de la Ville Eternelle. A la droite du pape se tient un personnage qui, à en juger par l'absence de tonsure, semble être un fonctionnaire laïque : à sa gauche un clerc tenant un rouleau de parchemin sur lequel on lit : BONIFATIVS EP. SERVVS SERVORVM DEI AD PERPETVAM REI MEMORIAM. Plus loin, des deux côtés du baldaquin, se tiennent les prélats, les soldats de la garde pontificale, les courtisans. Les armes de l'Eglise, alternant avec celles des Caetani, forment la décoration de cette partie de la loge. On remarquera surtout le parasol pontifical : c'est un des plus anciens exemples connus de ce sym-

(1) Baldeschi et Crescimbeni, *Stato della SS. chiesa papale Lateranense nell'anno MDCCXXIII* (il est dit, p. 67, que cette fresque provient de l'ancien cloître!); D'Agincourt, *Histoire de l'art*, t. VI, planche CXV; Crowe et Cavalcaselle, *Storia della Pittura in Italia dal secolo II al secolo XVI*, 1875, t. I, p. 426, etc..

(2) F. inf., n° 227, fol. 3.

bole. Dans le bas, on voit la foule écoutant avec surprise et ravissement la promulgation de la bulle. — Telle était la composition, à la fois si imposante et si vivante, dont il ne reste plus d'autre souvenir que le dessin de l'Ambrosienne.

Un passage du précieux traité d'Onofrio Panvinio sur les églises de Rome, passage qui semble avoir échappé à l'attention des archéologues modernes, nous prouve que la décoration de la loge de Boniface VIII ne se bornait pas à cette seule fresque. L'*Institution du jubilé* faisait partie d'un cycle comprenant en outre le *Baptême de Constantin* et la *Construction de la basilique du Latran*. Voici, avant d'aller plus loin, le texte de Panvinio :

« De pulpito Bonifacii VIII Papae. — Inter aulam quam Salam Concilii vocant, et hanc quam supra descripsi porticum, est alia porticus oblonga, et de novo restituta, qua ad palatium ex basilica Constantiniana et sala Concilii iter est; in cujus fine occidentem versus est pulpitum marmoreum a Bonifacio VIII factum, totum fere depictum et emblematibus ornatum. Pulpitum extra Concilii aulam porrectum est, totum è lateribus et marmore factum. Picturae pro temporum conditione elegantissimae existimantur, Cimabonis egregii pictoris manu factae, qui primus Italiae picturam post antiquos restituit. In his pictus est Bonifacius VIII populo ex eo maeniano benedicens, Constantini baptismus, et basilicae Lateranensis exaedificatio: multis in locis sunt familiae Caietanae, ex qua Bonifacius fuit, insignia, cum hoc elogio :

DOMINVS BONIFACIVS PAPA VIII | FECIT TOTVM OPVS PRAESENTIS | THALAMI. | ANNO DOMINI MCCC (1). »

Le cardinal Rasponi, dont l'ouvrage (2) n'est guère qu'un

(1) *De praecipuis Romae sanctioribusque basilicis quas septem ecclesias vulgo vocant liber*, p. 182.

(2) *De Basilica et Patriarchio Lateranensi libri quatuor*. Rome, 1656, in folio, p. 327.

extrait de Panvinio, n'ajoute pas de renseignements nouveaux à ceux que nous fournit l'illustre moine véronais. Il se borne à nous apprendre que, de son temps, plusieurs amateurs attribuaient les fresques de la loge de Boniface VIII, non à Cimabué, mais à Giotto: " Pictura quoque eximia decoratum erat Cimaboti per ea tempora celeberrimi artificis opera, utpote qui multis a saeculis ejus artis restituendae princeps in Italia fuisse dicitur, quamvis non desint qui picturas eas potius Jotti fuisse putent. In iis pictus cernebatur Pontifex ipse Bonifacius, Populo Romano ex eo pulpito seu pegmate apostolicam benedictionem more majorum impertiens. Constantini quoque magni baptismus visebatur, ac praeterea aedificatio Lateranensis Basilicae cum hoc epigrammate: *Dominus Bonifacius Papa octavus fecit totum opus praesentis thalami. Anno Domini millesimo trecentesimo.* Superest etiam hodieque picturae hujus nonnihil et praecipue Bonifacii octavi quam diximus effigies, eamque cum pariete, in quo erat expressa, in claustrum Basilicae Lateranensis translatam nunc intuemur ".

Après être longtemps resté exposé dans le cloître du Latran, le fragment représentant Boniface VIII debout entre ses deux suivants fut transporté dans la nef de la basilique, par les soins de la famille Caetani, et fixé sur un des piliers, où il se trouve encore aujourd'hui. Il fut restauré à cette occasion, et le restaurateur jugea à propos de substituer au baldaquin à toiture plate une magnifique arcade supportée par deux colonnes. Le dernier historien de la basilique du Latran, M. Rohault de Fleury (1), n'a pas eu tort de suspecter l'authenticité de cette arcade, et de dire qu'elle rappelait singulièrement celle qui, dans l'*Incendie du Bourg* de Raphaël, surmonte la loge de la bénédiction du

(1) *Le Latran au moyen-âge*, Atlas, p. 23, 24. Cf. le texte, p. 201 et 373. Cette arcade existe déjà dans la gravure publiée par Ciacconio, éd. de 1677, t. II, p. 304.

Vatican (cette loge, comme nous le montrerons, n'a jamais existé que dans l'imagination de Raphaël, qui s'est peut-être inspiré pour la peindre d'un projet de Bramante). Le dessin de l'Ambrosienne prouve que, dans la peinture originale, il n'y avait pas la moindre trace d'arcade. Dans le courant de ce siècle, le fragment de Giotto a été l'objet d'une nouvelle restauration : on peut s'en convaincre en le comparant à la gravure publiée par d'Agincourt.

Parmi les édifices qui doivent le plus à Boniface VIII, il faut encore citer d'abord la Minerve, une des rares églises romaines construites en style gothique. Au moment de son avènement, les travaux languissaient; mais le nouveau pape fit don à l'œuvre, dès le 18 janvier 1295, d'une somme de 2,000 livres tournois, grâce à laquelle la construction fut poussée avec tant d'activité que, dès l'année suivante, on put y ériger le tombeau de Guillaume Durand (1). Rappelons aussi que, sous le même pontificat, cette église fut ornée d'un superbe Christ en croix, peint sur panneau par Giotto (2).

Quelques années plus tard, pendant les fêtes du jubilé, Boniface VIII fit reconstruire l'église de San Lorenzo in Panisperna, qu'il consacra le 23 juillet 1300 (3).

Stimulés par l'exemple du pape, ses parents, ainsi que les représentants de l'aristocratie romaine, s'empressèrent de multiplier partout les témoignages de leur munificence. Le premier rang, parmi ces ardents promoteurs des arts, appartient au car-

(1) Masetti, *Memorie istoriche della chiesa di S. Maria sopra Minerva e de' suoi moderni restauri*, Rome 1855, p. 12. Voy. aussi Marchese, *Memorie*, t. I, p. 77.

(2) *Commentaires* de Ghiberti, publiés dans Vasari, éd. Lemonnier, t. I, p. XIX, et Vasari, éd. Milanesi, t. I, p. 387. Cet ouvrage a disparu depuis longtemps.

(3) Nibby, *Roma nell'anno 1838*, partie moderne, p. 305.

dinal Jacques Caetani de' Stefaneschi, dont nous avons si souvent déjà eu l'occasion de prononcer le nom. Neveu et favori du pape régnant, Jacques fit surtout servir son influence à l'encouragement des artistes, et à l'embellissement de la capitale. Giotto ne compta pas de protecteur plus fervent ni plus généreux. Le cardinal, qui maniait la langue latine avec une rare élégance, et qui nous a laissé des poésies témoignant d'une étude assidue de Virgile, s'honora en outre par l'indépendance de son caractère. Il ne craignit pas de célébrer les vertus de ce malheureux Célestin V, si odieusement persécuté par Boniface VIII.

L'église San Giorgio in Velabro conserve encore la fresque dont le cardinal Jacques la fit orner. La noble simplicité de la composition, son caractère si foncièrement décoratif nous autorisent à la regarder comme la copie d'une mosaïque qui aurait orné avant elle l'abside de la basilique. On a longtemps affirmé, mais sans fondement, que cet ouvrage avait Giotto pour auteur.

En 1299 le cardinal Jacques, dont l'ardeur semblait croître en proportion de ses efforts, fit orner la basilique de saint Clément d'un tabernacle destiné aux saintes huiles. Il perpétua le souvenir de cette fondation par une inscription qui existe encore :

Ex annis Domini prolapsis mille ducentis
Nonaginta novem Jacobus collega minorum
Hujus basilicae tituli pars cardinis alti
Hoc jussit fieri, quo plausit Roma nepote
Papa Bonifacius octavus Anagnia proles.

On a longtemps cru que cette inscription s'appliquait à la mosaïque absidale : mais M. de Rossi a montré (1) que celle-ci da-

(1) *Musaici cristiani e saggi dei pavimenti delle chiese di Roma anteriori al secolo XV*, Rome, 1872 et années suivantes. *Abside della basilica di S. Clemente*, f. 3.

tait de la fin du XIe ou du commencement du XIIe siècle, et que le tabernacle seul peut être revendiqué pour le neveu de Boniface VIII.

A Santa Maria in Cosmedin, un autre neveu de Boniface VIII, le cardinal François Caetani († 1317), fit exécuter par Deodato, fils de Cosmas, le charmant petit tabernacle qui surmonte le maitre-autel.

Quelques années avant l'avènement de Boniface VIII, un autre de ses neveux, Bertoldo, avait fait exécuter par Pierre Cavallini la mosaïque qui occupe la partie inférieure de l'abside de sainte Marie du Transtévère, et qui représente des scènes de la vie de la Vierge. M. de Rossi, qui a publié cet ouvrage, en place l'exécution en l'année 1291. Le même savant est disposé à faire honneur à Bertoldo ou à son frère le cardinal Jacques des inscriptions qui accompagnent la mosaïque (1).

Le cardinal Jacques Colonna rivalisa de magnificence avec les Caetani. En 1295 il orna l'Eglise Santa Maria in Aquiro d'un autel richement doté (2). Vers la fin du XIIIe ou le commencement du XIVe siècle, ce prélat fit en outre exécuter par Philippe Russuti la superbe mosaïque qui orne la façade de Sainte Marie Majeure (3). Ce vaste cycle fut terminé par Gaddo Gaddi.

Le besoin de magnificence de l'époque ne se borna pas à l'embellissement des édifices destinés au culte. L'architecture funéraire aussi en profita dans une large mesure. Le pape avait donné l'exemple en faisant construire de son vivant la chapelle qui devait lui servir de tombeau. Parmi les prélats ou grands seigneurs de sa cour dont les mausolées se distinguent par leur richesse, il faut citer en première ligne Guillaume Durand, évê-

(1) *Ibid. Zona inferiore dell'abside di S. Maria in Trastevere*, f. 3.
(2) Martinelli, *Roma ex ethnica sacra*, Rome. 1653, p. 216, 217.
(3) Publiée par M. de Rossi, dans ses *Musaici cristiani*.

que de Mende, mort en 1296. L'auteur de ce *Rationale divinorum officiorum* dans lequel l'art tient une si grande place, ne pouvait souhaiter de monument plus somptueux ni de meilleur goût que celui que lui éleva dans l'église de la Minerve Jean fils de Cosmas: le défunt est représenté étendu sur un sarcophage, que recouvre une draperie d'un style austère; dans le tympan qui surmonte la statue, se développe une mosaïque avec les figures de la Vierge, de l'enfant Jésus, de Saint Privat présentant le donateur, et de Saint Dominique, le fondateur de l'ordre auquel Durand appartenait. Par la simplicité et la sévérité des lignes, par l'harmonieuse alliance de la sculpture et de la mosaïque, ce monument laisse bien loin derrière lui les mausolées, cependant si beaux, dont la Renaissance a orné la même église.

Le tombeau de Gonsalvo Rodrigo, évêque d'Alba († 1299), à Sainte Marie Majeure, rappelle de la manière la plus frappante celui de Guillaume Durand: il est, lui aussi, l'œuvre de Jean, fils de Cosmas.

L'église Sainte Balbine contient un autre tombeau exécuté par le même maître: celui de l'évêque Etienne de Surdis, mort vers 1300 (signé: *Johannes . filius . Magr . Cosmati . fecit . hoc . opus.*)

Citons enfin la belle dalle tombale du frère Munio de Zamora, général de l'ordre de Saint Dominique, mort en 1300 et enterré à Sainte Sabine (1). Incrustée dans le sol, elle est ornée d'une peinture en mosaïque représentant le défunt étendu sur le dos, les yeux fermés, les mains jointes, dans l'attitude du repos.

Sous le même pontificat nous assistons à l'agrandissement du palais du Sénateur, au Capitole, et à l'installation dans ce monument de la cloche enlevée aux habitants de Toscanella (2).

(1) Voy. l'inscription dans Forcella, *Iscrizioni*, t. VII, p. 295, n° 593.

(2) (1296) "... Magnifici viri d. Petrus Stephani et Andreas Ro-

s'il faut en croire Severano. Boniface VIII s'occupa également de fortifier le château Saint Ange (1).

L'activité de Boniface VIII ne profita pas seulement à la capitale. Partout son ardente initiative fit surgir les monuments les plus somptueux. Anagni, la patrie des Caetani, eut naturellement la plus grande part aux largesses papales. On trouvera dans le travail de Mgr Barbier de Montault la description des nombreux ouvrages dont cette ville s'enrichit dans le court espace de temps compris entre 1295 et 1303 (2). Guarcino, Frosinone et d'autres villes des environs furent également restaurées ou embellies par les soins de Boniface (3). A Orvieto, il imprima une si grande impulsion aux travaux de la cathédrale que l'on peut presque le considérer comme le fondateur de ce splendide monument (4). A Pérouse enfin il favorisa la construction de la

mani de regione Transtiberim senatores Urbis perfecerunt istud loicum (variante: locium) de fructibus Camere Urbis..., Inscription détruite, publiée par M. Forcella, *Iscrizioni delle chiese e d'altri edificii di Roma dal secolo XI fino ai giorni nostri*, t. I, p. 25, n° 3. Une autre inscription, autrefois conservée au Palais des Conservateurs, mentionnait un travail différent exécuté en 1300: Mandato s. dni pontificis Bonifatii VIII dns Riccardus | de Anibale et Gentil. de filiis Ursi alme urbis senatores illustres hoc opus marmoreum addiderunt anno | Dni MCCC, quo Rome fuit indulgentia omnium peccatorum (Ibid., n° 5).

(1) *Memorie sacre delle sette chiese di Roma*; Rome, 1630, t. I, p. 4. Voy. aussi F. Martinelli, *Roma ricercata nel suo sito e nella scuola di tutti gli antiquarii*. Rome, 1658, p. 11.

(2) *Annales archéologiques*, t. XVI, p. 137-163, 241-252; t. XVII, p. 26-42, 113-118; t. XVIII, p. 18-32.

(3) " Item magistris Cassette et Nicolao de Pileo pro diversis operibus factis in Castro Trebarum, Guarceno, Frusinone, Silvamollis, Florentino et reparatione viarum usque Anagniam XC lib. IIII sol., II den. prov.. (Theiner, *Codex diplomaticus dominii temporalis S. Sedis*, t. I, *loc. cit.*).

(4) Della Valle, *Storia del duomo di Orvieto*, p. 100, 219 et suiv. — Luzi, *Il duomo di Orvieto*, p. 224 (Bulle de 1297).

cathédrale en autorisant les habitants à y consacrer une somme de 1400 florins, qu'ils devaient au chapitre (1).

Considéré comme protecteur des arts, Boniface VIII a été bien partagé. Tandis qu'il reste à peine quelques vestiges des fondations par lesquelles les grands papes du XVe siècle, Martin V, Nicolas V, Pie II, ont essayé de perpétuer leur souvenir, de nombreux monuments témoignent aujourd'hui encore, après bientôt six cents ans, du faste de l'orgueilleux adversaire de Philippe le Bel. Sans vouloir prétendre qu'il y ait eu dans ses entreprises un principe supérieur, nous n'en devons pas moins constater qu'à son égard la fortune a été bien inspirée : si l'œuvre politique de Boniface VIII a sombré de son vivant même, en revanche le temps a respecté jusqu'à nos jours l'œuvre artistique de ce dernier champion du moyen-âge.

(1) Bulle du 18 mai 1300. Theiner, *Codex diplomaticus*, t. I, p. 372.

www.ingramcontent.com/pod-product-compliance
Ingram Content Group UK Ltd.
Pitfield, Milton Keynes, MK11 3LW, UK
UKHW021931190726
13853UKWH00002B/979

9 782329 579214